U0595202

明·星面对面

听电台主播张明聊音乐大咖

张　明◎著

上海音乐出版社
WWW.SMPH.CN

上海文艺音像电子出版社
WWW.SLAV.CN

扫描封底二维码, 绑定手机后, 可聆听采访音频和相关音乐

音乐剧

古典

目 录

C O N T E N T S

流行

首歌都裹挟着审美信息，从中我们可以感觉到DJ自身的意识素养。单单一两档节目你可能很难觉察，但是一年两年、十年二十年，就必定串联起口碑效应。张明一直活跃于主持一线，甚至一度分别在三大音乐频率动感101、Love Radio 103.7、经典947以及故事频率同步主持固定节目，这可能是迄今沪上广播第一人，这就是张明具有的跨界功力。同时，他主持的节目也打破了音乐广播的某种"约定俗成"的框框，而体现了时代的交融文化性。这也是张明的个人魅力，从某种程度上说就是IP，这也是为什么这些年无论流行、古典、爵士、音乐剧等活动都邀请他现场主持的缘由。上海的音乐广播不需要趋炎附势，更需要自信与引领。

二十世纪九十年代初，张明刚步入广播界时，卡带收录机在上海还未普及，腰带上佩戴Walkman的大学生更是弹眼落睛，那时电台调频可以听到迈克尔·杰克逊、山口百惠、张国荣和三大国际轻音乐团。如今音乐广播节目大多数的曲目播放都是电脑排单，而内容的出口则是融媒体方向，音乐DJ们又将会是怎样的穿梭？

从当年的北京东路2号到虹桥路1376号，这十几公里路程，一批人走散了，一批人聚集了。广播还在。

感谢张明，让生活在这座城市的普通人，能与他在音乐节目中邂逅，分享生活中的欢乐与忧伤。如果他当初不是坚持热爱着广播，而是选择了另外的职业方向，那么我们中的一些人的生活桥段会不会有所改变？我感觉这是令人着迷的想象。化染开来，你我其实都有了关联：如果我们不曾在电台听过同一首歌，我们又会是怎样的呢？

诗人北岛曾吟诵：回声中开放的，是时间的玫瑰。

徐冰（资深音乐媒体人）

序　言

如果我们不曾在电台听过同一首歌

能够赢得社会美誉度的主持人，在其相应的时空里往往会呈现三种品行：价值观、审美力和个人风格。

音乐广播主持人也同样，只是比较侧重于通过审美情趣以及个人魅力，润物细无声地感化着人们的心情。

张明先生是上海音乐广播史上拥有重要席位的DJ，在差不多三十年的时光里，陪伴着这个城市的光影流变，影响着几代广播听友的美好记忆。这本图书的出版，不仅见证了他的音乐广播历程，也是上海音乐广播的峰值体验之点射，乃至当代中国音乐广播史的一个样本。

坐标上海，如何体察城市格局的张扬与生活气脉的流变，可以是影像的，也可以是文字的、表演的、建筑的或者美食的等等各个形态，张明的这本书从音乐和音乐人的体系给予了生动的展示。这一百二十位被采访者，象征着改革开放四十多年来投射在文化上的景象，其中的每一位音乐人都携带着时代的讯息和立证，每一段都弥足珍贵。在这四十多年中，我们的社会发生了怎样的剧变啊！最近三十年，张明就是这个伟大进程的参与者，他节目中的内容转化到了本书的字里行间，成为上海这座城市包容海纳的一分子。所以从这个层面上来说，张明和这本书已经超越了音乐以及音乐广播的范畴，而具有社会历史文化的价值了。

我们热爱的这座城市是具有尊严和品相的。细微到一名音乐DJ，推介播放的每一